MAURICE JOLY

SON PASSÉ, SON PROGRAMME

PAR LUI-MÊME

PRIX : 50 CENTIMES

PARIS

LACROIX, VERBŒCKHOVEN ET Cⁱᵉ

RUE DU FAUBOURG-MONTMARTRE, 13

1870

C'est dans un bouge du dépôt de la préfecture de police que j'écris ces lignes.

Arrêté par ordre du gouvernement provisoire, dont j'ai défendu le fragile pouvoir à l'Hôtel-de-Ville, dans la journée du 31 octobre; calomnié par d'indignes journaux qui ont publié que j'avais *outragé M. Jules Favre et tiré un coup de pistolet sur le général Trochu;* accusé par le silence du gouvernement, qui n'a pas démenti ces misérables choses, qui y joint le poids d'une arrestation, il est temps que le public puisse me connaître s'il le veut.

Au milieu des longues heures de la prison, dans un taudis glacé, je prends la résolution d'écrire une courte histoire de ma vie. C'est une tâche périlleuse, mais dans la situation qui m'a été faite par de lâches ennemis, c'est encore le parti qui convient le mieux à la franchise de mon caractère.

Dépôt de la Préfecture de police, 4 novembre 1870.

MAURICE JOLY

Je suis né dans les premières années du règne de Louis-Philippe, à Lons-le-Saulnier. Ma mère (Florentine Corbara), d'origine italienne, est alliée aux meilleures familles de Bastia.

Je ne fais pas une histoire assez longue pour avoir le temps de dire de quelle admirable mère j'ai le bonheur d'être le fils.

Mon grand-père, issu d'une famille de Saint-Laurent-Laroche, alliée aux Lorencin et aux Saint-Léger, est resté dans le souvenir de ceux qui l'ont connu comme un des types de la plus rare énergie, doublé de la plus franche originalité. Savant érudit, batailleur, intraitable dans ses convictions, et cependant homme de la meilleure compagnie, il fut, en 1813, destitué d'une grosse fonction (1) qu'il occupait pour avoir publié au moment de nos désastres une ode vengeresse dont je ne me suis jamais rappelé que cette strophe :

> Quel épouvantable silence
> Règne sur ma patrie en deuil !
> La tyrannie et la démence
> En ont fait un vaste cercueil !...

Il niait formellement le génie de Napoléon Ier, et motivait son opinion par les raisons les plus vives, mais qui faisaient sourire alors. — C'est un grand homme, pourtant, lui disait-on. — Un grand brigand ! répétait-il toujours du ton le plus inflexible, et j'avoue que

(1) Payeur général de la Corse. Il s'appelait Laurent Courtois. — Mon père, Philippe-Lambert Joly, né à Dieppe, jouissant d'une honnête aisance, connu par ses opinions avancées et son désintéressement, a été pendant près de dix ans, sous Louis-Philippe, conseiller général du Jura.

quand j'étais enfant, je riais aussi des singulières idées de mon grand-père !...

L'horreur du collége fut le premier de mes principes. Je me sauvais de toutes ces maisons pestilentielles, malgré les larmes de ma mère, et quoiqu'enfant je lui démontrais parfois, d'une manière si convaincante, l'impossibilité où j'étais de m'assujétir à la règle et d'apprendre quoique ce soit avec le système des colléges, qu'elle m'appelait *Satan* et me reprenait en riant avec elle.

La légende que j'ai laissée dans ma ville natale, c'est que j'ai déserté successivement cinq colléges, celui de Lons-le-Saulnier, celui de Dôle, de Dijon, de Châlons et de Besançon ; et la légende est vraie.

Ma mère, qui faisait toutes mes volontés, et mon père qui ne pouvait vaincre l'obstination de mon caractère, finirent par me laisser la bride sur le cou, quand j'arrivai en rhétorique, et je fus reçu bachelier ès-lettres à Dijon par le plus grand des hasards.

Je passe sur des aventures d'enfance et de jeune homme qui ne seraient point ici à leur place.

J'ai eu des amis un peu partout ; j'ai rencontré les types d'hommes les plus étranges ; il m'est arrivé les histoires les plus singulières par suite de la conformité particulière de mon esprit qui ne me permettait jamais de prendre un détour pour arriver au but que je me proposais et dans la poursuite duquel je déployais toujours une volonté obstinée, la volonté de mon grand-père.

J'interrompis mon droit à Dijon, en 1849, pour suivre à Paris les traces d'un de mes amis dont l'esprit et les allures exerçaient sur moi l'ascendant que Venture exerçait sur J.-J. Rousseau. Nous nous séparâmes au bout de quelques mois d'une vie commune, accidentée de beaucoup de mésaventures, et pendant laquelle nous avons essayé de faire ce qu'on appelle en province de *la littérature*.

Je me trouvai un beau jour, à Paris, sans aucune ressource et brouillé avec ma famille qui désapprouvait fort mes équipées. J'avais vingt ans ; né avec un immense fonds de timidité alliée à une hardiesse non moins grande, je ne me supposais aucune valeur et je prenais pour des niaiseries de provincial, ce que l'on disait de mes *moyens* quand j'étais au collége.

Ne sachant que faire, je m'avisai un jour que j'avais dans le fond de ma malle une correspondance de mon grand-père avec de hauts personnages du premier Empire, et je songeai que je pourrais peut-être tirer partie de ces papiers.

C'était en 1851, quelques mois avant le coup d'État : je fis des démarches, j'établis les hautes relations qu'avait eues mon grand père à une époque où il était secrétaire général du ministère de la marine et des colonies à Naples. Bref, on m'offrit une place de 800 fr. à l'Hôtel-de-Ville. Un des amis de ma famille, fort bien situé à Paris, démontra que c'était se moquer que de me donner un si mince emploi. On me nomma attaché au ministère de l'intérieur, dont M. Chevreau était alors secrétaire général.

N'ayant point assez de fortune pour aller dans le monde, incapable d'intriguer, de tirer parti du moindre avantage, on m'oublia ; et quelque temps après le coup d'État, ayant besoin d'appointements pour vivre, on me fit, sur ma demande, entrer au ministère d'Etat aux émoluments de 1,200 fr.

Telle est l'histoire de mes rapports avec le personnel impérial. On a dégagé de tout cela que j'avais été secrétaire de la princesse Mathilde. Si c'était vrai, je l'eusse été avec la candeur d'âme qui me caractérisait à cette époque ; enfant de la province, j'avais vu passer le coup d'Etat sans le comprendre. Je ne m'occupais pas de politique, je cherchais à gagner ma vie, et si un prince ou une princesse m'eût alors demandé pour secrétaire, il est probable que j'aurais envisagé cela à travers les idées romanesques de l'adolescence et que j'aurais accepté avec gratitude ; mais il ne fut jamais question d'une telle chose, et je demande aux imbéciles ou aux méchants où ils sont allés chercher cette sottise avec laquelle on a essayé de battre en brèche un homme dont la vie entière peut défier la calomnie.

Je restai SEPT ANS ! employé expéditionnaire au ministère d'État, travaillant sans aucun but les lettres, les arts, la politique, passant ma vie dans les bibliothèques et fréquentant peu le ministère. En 1858, un de mes camarades de bureau, qui me voyait transcrire des passages d'un dictionnaire de l'Académie, travail de bénédictin auquel je me livrais depuis deux mois pour m'assimiler le fond de la langue, me dit :

— Vous êtes fou ; au lieu d'*écrémer* les dictionnaires, vous feriez bien mieux de finir votre droit, pour tâcher d'arriver à quelque chose, car vous n'êtes pas si bête que vous le croyez.

Je ne répondis rien, je ne parlai de rien à personne, mais, dès le lendemain, je reprenais mes études de droit, que je terminais en 1860, après avoir été obligé de me mettre deux mois comme maître d'étude dans une institution pour me procurer les économies nécessaires afin de passer ma thèse de licence (1).

J'avais vingt-sept ans alors, j'avais fini par me révéler un peu à moi-même, par vaincre une partie de ma timidité, et, dans l'année qui précéda ma sortie du ministère, concurremment avec mon droit, je fis successivement deux choses :

Un cours d'art théâtral et de littérature dramatique pendant six mois, aux cercles des Sociétés savantes, quai Malaquais, 3, cours que je n'ai jamais eu le temps de publier.

Ensuite, pendant six autres mois, un cours d'économie politique, qui est peut-être la chose la plus difficile, la plus laborieuse que j'aie faite dans ma vie, mais sur laquelle je ne puis m'étendre. La première partie de ce cours a été publiée. Il s'y attachait une combinaison industrielle qui me mit à l'aise pendant quelques mois.

Mais dans un ministère, sous l'Empire du moins, quand un employé paraissait avoir quelque valeur, on ne pouvait pas le tolérer dans les bureaux. Mon économie politique déplut; on m'invita à cesser ce genre de travail pour me renfermer dans mes occupations autrement sérieuses d'expéditionnaire. Un homme vil dont je veux bien taire le nom, M. de C*** (2), me traita avec insolence; je lui jetai ma démission à la figure.

Je voulus ensuite la reprendre, mais il me fit révoquer pour insubordination, et je me retrouvai de nouveau sans ressources, car le vent n'était pas alors aux conférences, et j'avais dû cesser mes cours sans atteindre le résultat matériel sur lequel j'avais un instant compté.

L'année 1860 commençait; je savais alors ce que je pouvais attendre de ma puissance de travail et de ma volonté. J'entrai au barreau, j'y plaidai, j'y réussis passablement. M. Jules Favre, le même qui me tient en prison en ce moment, était alors bâtonnier. Il avait entendu parler de moi; il se montra bienveillant pour un stagiaire encore peu connu et assez désorienté.

J'avais d'ailleurs retrouvé au barreau un compatriote que je connais-

---

(1) J'avais obtenu un congé sous prétexte d'aller dans ma famille, et je professais la géographie à l'École supérieure du commerce, tenue à cette époque par M. Gervais de Caen, qui voulut bien me complimenter de la manière dont « je tenais » ses élèves, quoique ce n'eût jamais été mon état.

(2) Bonapartiste éhonté; je pense qu'on l'a chassé ou qu'on le chassera de l'administration.

sais depuis assez longtemps et dont je ne prévoyais guère à cette époque le retour à la vie politique. Je veux parler de M. Grévy, un homme qui m'a fait tout le mal qu'un homme peut faire à un autre homme sans le tuer.

En 1862, je végétais parce que je ne m'étais pas allié à une coterie, et que je négligeais comme toujours les petits moyens de parvenir.

J'avais plaidé de grosses et de petites affaires; mais d'argent point. J'étais dans une mansarde.

M. Grévy me dit un jour : Vous n'arrivez à rien parce que vous ne savez pas tirer parti de votre intelligence; vous avez un tour de style très-vif, le temps est aux portraits, vous êtes au barreau, faites des portraits d'avocats.

Après avoir professé la géographie, l'art théâtral, la littérature dramatique et l'économie sociale, je me dis : Faisons des portraits.

Avez-vous lu *Gorgias?* Non, eh bien! demandez : on vous dira que c'est le portrait du vice-président de la défense nationale, qui me tient en ce moment sous les verroux de la préfecture de police. J'en atteste les hommes impartiaux et les délicats, il était difficile, dans un portrait fait à la façon de Labruyère et de Théophraste, de mêler l'éloge à la critique avec plus de dignité sur un homme vivant. M. Jules Favre se venge-t-il en ce moment? Je ne le crois pas.

Quoi qu'il en soit, l'effet de cette étude à la fois littéraire et artistique fut extrêmement grand au Palais. On ne connaissait pas l'auteur, on le demanda, on voulut le voir. Je fus immédiatement connu, même recherché. M. Hébert m'invita à ses soirées; M. Mathieu me témoigna une bienveillance que je n'oublierai jamais quoiqu'il ait été une des chevilles ouvrières du régime déchu. Je n'ai jamais oublié ni un bienfait ni une injure. Italien par ma mère, Espagnol par mon grand-père (de race hispano-francomtoise), je ne cache point que j'ai du Midi dans les veines.

M. Dutard, autre avocat riche et bon enfant, à qui je n'ai jamais gardé rancune parce qu'il n'était pas méchant, voulut m'avoir pour secrétaire. Je me donnai à lui, et je puis me flatter d'avoir acquis à son école autant de tactique procédurière qu'il faudrait de tactique militaire au général Trochu pour battre les Prussiens.

Nous étions en 1863. Dans l'intervalle de la publication de *Gorgias*, à mon entrée chez Dutard en qualité de secrétaire, j'avais publié le *Barreau de Paris*, réunion de portraits d'avocats dont les mieux réussis, après *Gorgias*, sont ceux de Berryer, Lachaud et Senard. On peut voir dans ce livre l'historique de mes premiers rapports avec le journal *le Figaro*, l'insertion spontanée de *Gorgias* dans ce journal, les avances de M. de Villemessant, etc.; c'est ce même M. de Villemessant qui a tenté tout simplement de me faire égorger ces jours-ci en m'accusant « *d'avoir craché, à l'Hôtel de Ville, au visage de M. Jules Favre, sans défense et prisonnier à l'Hôtel de Ville* (1). »

De 1863 à 1864, l'esprit public, engourdi dans la vapeur de sang du 2 décembre, semble se réveiller.

Depuis 1860, je suis entré dans la vie politique par le barreau; j'ai commencé à comprendre, à analyser l'empire. Dès que mon esprit se porte pendant quelque temps sur un sujet, j'en éclaire le fond; cela tient aux vastes travaux de préparation générale que j'ai faits avant de m'être mis à écrire une ligne.

Je débutai en 1862 par une polémique des plus vives, dans mon département, contre le préfet, M. Nau de Beauregard; le président du conseil général, M. Dalloz, et le vice-président de ce même conseil, M. le comte de Broissia (2).

Je n'ai jamais ménagé le peu d'argent que j'ai gagné quand il s'est agi de combattre les gens de l'Empire. Cinq ou six fois par an, sur des questions d'impôt, de budget départemental, d'endiguement, etc., je lançais de Paris dans le département du Jura des imprimés adressés aux Jurassiens, dans lesquels je tympanisais l'administration départementale du Jura. Cela dura deux ans; et quelques personnes peuvent se souvenir encore de l'effet que produisit en 1863 une satyre que j'avais intitulée : *Géographie politique du Jura*, où j'essayais de réveiller mon pays endormi, par le souvenir des vieilles libertés francomtoises.

A cette époque, M. Grévy dormait du plus profond sommeil, comme toujours. Il se reposait depuis dix ans sur son amendement, dont l'idée est due à M. Leblond, et il a rajeuni sa renommée dans les dix dernières années qui viennent de s'écouler, par son mot ni *dupes* ni *complices*. La démocratie et les journaux font parfois des réputations à bon marché.

---

(1) On m'affirme que M. de Villemessant a contribué à déterminer mon arrestation en venant se plaindre de la manière dont je l'avais traité dans une affiche; je n'en veux pas croire un mot. Il est évident que je n'ai été arrêté que d'ordre de M. Ferry et pour crime de lèse-majesté envers sa personne.

(2) C'est ce même de Broissia qui, candidat libéral ou soi-disant tel en 1869, s'est fait payer, par une recette particulière, de 17,000 fr., son désistement à une candidature d'opposition dans le département du Jura, en faveur d'un M. Huot, ancien député.

Passons en 1864. Pendant que M. Grévy dormait du sommeil d'Epiménide, pratiquant largement sa maxime : qu'en pratique il ne faut rien faire et tout attendre des événements, je publiais les *Principes de 89*; brochure qui a servi de base à l'adrsse du Corps-Législatif, et dont MM. les législateurs de l'époque ont jugé bon d'extraire la subsce, sans que je fusse nommé, bien entendu.

Même année, je publie une autre brochure intitulée *César*, qui m'a été confisquée de la manière la plus curieuse, par un coquin d'imprimeur du nom de G..... Je fais tirer trois mille exemplaires de cette brochure, qui répondait au sot auteur de la *Vie de César*. L'imprimeur, après avoir fait son tirage, montre la brochure à la police, objecte que ce n'est pas de l'histoire ancienne, mais de l'histoire moderne, et me dit : Criez, tempêtez, faites tout ce que vous voudrez, je répondrai que je n'ai jamais reçu de manuscrit, et que le tirage dont vous parlez est un rêve.

Et le coquin l'emporta, ma brochure n'a jamais paru.

Passons en 1865. À force de travailler, je me sentais pousser les ongles, et même, l'avouerai-je, le désir de la célébrité m'était venu. Quand l'ambition a un but élevé, n'est-elle pas avouable?

Je méditais depuis un an un livre qui aurait montré les brèches épouvantables que la législation impériale avait faites dans toutes les branches de l'administration et les abimes qu'elle avait ouverts en détruisant de fond en comble toutes les libertés publiques.

Je réfléchis qu'avec des Français un livre d'une forme sévère ne sera pas lu. Je cherche alors à fondre mon travail dans un moule approprié à notre esprit sarcastique obligé depuis l'empire à replier ses attaques derrière des feintes. Je songeai à une histoire du bas-empire, puis tout à coup je me rappelai l'impression qu'avait produite sur moi un livre connu seulement des amateurs et qui est intitulé : *Dialogue sur les blés* de l'abbé Galiani.

Faire dialoguer des vivants ou des morts sur la politique contemporaine, telle fut l'idée qui me vint.

Un soir que je me promenais sur la terrasse du bord de l'eau, près du pont Royal par un temps de boue, dont je me souviens encore, le nom de Montesquieu me vint tout à coup à l'esprit comme personnifiant tout un côté des idées que je voulais exprimer. Mais quel serait l'interlocuteur de *Montesquieu?*

Une idée jaillit de mon cerveau. Et pardieu c'est *Machiavel!*

Machiavel qui représente la politique de la force à côté de Montesquieu qui représentera la politique du droit; et Machiavel, ce sera Napoléon III, qui peindra lui-même son abominable politique (1).

L'idée était trouvée. L'exécution vint après des recherches infinies et je ne m'arrêterai pas ici sur les difficultés qu'elles présentèrent. Je songeais à paraître en France; mais l'imprimeur Bourdier, auqu[el je] dis qu'il s'agissait d'une traduction d'un auteur anglais du no[mmé] Macpherson, reconnut Napoléon III au bout de trois dialogues. Il re[fusa] de continuer l'impression.

C'était pendant les vacances, je partis pour la Belgique. Voici quel était mon plan.

Connaissant la légèreté française et l'envie féroce que soulèvent les talents nouveaux, je ne songeai pas à signer l'ouvrage. J'étais certain que personne n'y ferait attention s'il était publié à Paris, mais qu'on le goûterait peut-être s'il y était introduit comme ouvrage prohibé et pamphlet contre l'empire.

Je dépensai 2,500 fr. de ma poche pour faire paraître l'ouvrage à Bruxelles (2); on fit un fort tirage et quand ce fut fini j'ourdis à moi seul une véritable conspiration pour l'introduction de l'ouvrage : Je me mets en rapport avec cinq colporteurs qui traverseront tour à tour la frontière et viendront établir des dépôts dans Paris. L'ouvrage sera déposé secrètement chez tous les hommes politiques connus; une fois connu, recherché, les dépositaires choisis seraient chargés de le vendre clandestinement.

Tout cela fut fait. Je dépensai deux autres mille francs en tirages et en frais de transports clandestins. L'ouvrage sans nom d'auteur colporté dans différentes directions produisit l'effet le plus inattendu. On s'arrachait les exemplaires; mille bruits couraient sur le véritable auteur de cette espèce de satyre ménippée. On parlait du duc d'Aumale, de M. Changarnier, de Marc Dufraisse. Cela m'amusait fort.

Tout à coup cinquante perquisitions se font en un seul jour dans Paris; l'épervier de la police s'abat chez tous les dépositaires. J'avais été vendu par mes colporteurs, qui m'ayant attiré plusieurs fois dans des traquenards préparés, avaient fini par savoir mon nom, mon adresse, et certes je regrette de n'avoir pas le temps de raconter les épisodes curieux, quelquefois tragiques, des battues dont je fus l'objet.

Je ne peux aussi que noter en passant l'incident Dutard.

Perquisitionné comme vingt autres personnes qui me connaissaient, il prit peur. On venait de le décorer. Il me renvoya de chez lui avec

---

(1) La 2e édition qui est sous presse et qui a été faite à Sainte-Pélagie, sous la dictée des évènements, présentera un tableau autrement saisissant et autrement vaste que celui que le public connaît.

(2) Chez Mertens, éditeur et imprimeur.

éclat ; déclarant que j'avais trahi sa confiance en attaquant l'Empereur, dont il était le serviteur dévoué.

Rassurez-vous, bonnes gens, la conduite de Dutard est un miracle de bienveillance et de délicatesse à côté des procédés déplorables dont j'ai été l'objet depuis.

Qu'on me rende Dutard, c'est un protecteur, un père auprès de quelques-uns de ceux qui l'ont censuré et réprimandé pour désertion des devoirs du patronat.

Je suis arrêté, jugé, condamné pour publication en France, quoique l'ouvrage eût paru en Belgique ; arrêt de la Cour impériale, arrêt de la Cour de cassation, je plaide devant toutes les juridictions et je plaide moi-même, si ce n'est à la Cour impériale, où j'eus pour défenseur M⁰ Desmarest, dont le cœur est aussi élevé, aussi chaleureux que le talent. Dix-huit mois de prison, six mois de procès ; total, deux ans de ma carrière perdue.

Sainte-Pélagie s'ouvre pour moi ; ecpendant l'Empire ne m'avait pas fait passer par le dépôt de la préfecture de police, où je suis en ce moment, grelottant de froid et souffrant d'un rhumatisme sciatique contracté dans les prisons de Bonaparte.

Si je l'avais servi, je serais probablement aujourd'hui au pouvoir, et l'un des décemvirs de la République. O fortune, ingrate fortune, qui ne favorise que les courtisans ! Rien ne me dédommagera jamais de ce que j'ai souffert !

Je passe en prison l'année 1866 et la moitié de l'année 1867.

L'ardeur de ma nature et de mon tempérament firent que j'y éprouvai des accidents nerveux qui se reproduisent sous l'empire de l'irritation et de la colère.

Dans cette triste demeure, je vis successivement entrer et sortir Laurent Pichat, Castagnary, Sauvestre, Longuet, Tridon, les frères Villeneuve, l'impur Clément Duvernois, qui se disait irréconciliable ; Poupart Davyl, qui ne pouvait se passer de moi ; Protot, le défenseur de Mégy ; Vermorel, combien d'autres, hélas !

Le travail me sauva de l'ennui et même de la mort, car l'inaction m'est impossible et toutes mes facultés se perdent dans l'oisiveté.

Ici se place la publication d'un ouvrage que quelques personnes m'ont reproché, mais que je revendique comme un de mes meilleurs titres au souvenir des gens de bien.

Il s'agit de l'ouvraga intitulé : *Recherches sur l'Art de parvenir, par un contemporain*, sans nom d'auteur, mais dont je réclame hautement la paternité, et cela au même titre que le *Dialogue aux Enfers entre Machiavel et Montesquieu*.

Dans le *Dialogue*, j'ai peint la corruption d'État, la fourberie politique.

Dans l'*Art de parvenir*, je suis descendu dans les sphères sociales et j'ai montré que les mœurs privées étaient rongées du même mal que les mœurs politiques, et que la décomposition était là comme dans les régions du pouvoir.

M'étais-je trompé, hélas! Les revers de nos armes, la chute de la France devant l'Allemagne, ont démontré aux patriotes les plus convaincus qu'un pays ne se refait pas en deux mois, quand il souffre de la gangrène morale depuis vingt ans.

L'Art de parvenir est une satyre sanglante des défauts de notre caractère national et des vices que nous avons contractés sous la monarchie. Rien de plus, rien de moins.

C'est donc par suite un ouvrage éminemmmen moral ; et s'il est froid, ironique, impassible d'un bout à l'autre ; s'il est strident comme le vent d'hiver et tranchant comme une lame d'épée, c'est que les conditions de l'art l'exigeaient. Si j'avais pleurniché au nom de la morale on m'aurait tourné le dos comme à un radoteur. Il fallait disséquer sans pitié, c'est ce que j'ai fait, et tant s'en faut que j'aie tout dit.

Au mois de mai 1867, je sortais de Sainte-Pélagie où j'ai en outre écrit trois autres ouvrages qui ne sont pas encore publiés : *le Nouvel Oberman*, espèce d'autobiographie où l'histoire de mon être moral est écrite tout entière ; *les Existences problématiques*, comédie en cinq actes, qui se promène en ce moment dans différents théâtres de Paris, et les essais d'une sorte de dictionnaire politique intitulé : *les Équivoques de la Langue politique*, travail dans lequel je me suis appliqué à démontrer tout ce que la supercherie des mots a fait de mal à notre infortuné pays (1).

(1) J'avais commencé aussi un essai sur les révolutions de la France depuis le quatorzième siècle, ouvrage dans le genre de Burke, quoiqu'à un autre point de vue et sur le plan de *Grandeur et décadence des Romains* ; mais les rebuffades de la librairie, l'insuffisance d'appui dans la presse, les luttes, la lassitude m'ont fait perdre deux années que j'aurais employées plus utilement qu'à avocasser.

Je rentrai au barreau sans clientèle, ferré à nouveau sur le droit, sur l'histoire, sur la politique. Belle avance! Ma condamnation m'avait mis à l'index, et je ne pus pas faire accepter un seul ouvrage par les libraires de Paris, qui m'éconduisirent tous avec empressement (1).

Je songeai à fonder un journal de Droit. Le journalisme politique me semblant impossible sous l'empire, il m'avait paru opportun de transporter la polémique ur le terrain du Droit.

Tout le monde connaît les scandaleux arrêts rendus par la Cour de cassation en nature de colportage, de société secrète, de compte rendus, de matières politiques et d'économie sociale appliqués aux journaux sans cautionnement etc., etc.

Il s'agissait pour le *Palais,* c'est le nom du journal que je fondai, d'intervenir avec autorité et hardiesse dans toutes les questions de jurisprudence et de droit confinant à la politique; et j'eus bientôt le concours de presque tout le barreau de Paris. Le *Palais,* dont je rédigeai seul les statuts, se fonda au capital de 100,000 francs, et j'eus l'honneur de compter parmi mes actionnaires les noms de Jules Favre, Desmaret, Leblond, Crémieux, Arago, Berryer et cent autres.

Au bout de cinq mois, le *Palais* comptait sept cents abonnés (2). Toutes les chambres syndicales des avoués des tribunaux d'instance s'étaient abonnées. Les choses marchaient à merveille lorsqu'arriva mon duel avec Laferrière; et il faut que je m'y arrête un instant, car cet incident est la clef de difficultés considérables qui se sont groupées tout à coup autour de moi, et ont arrêté ma marche, brusquement, à ce point que mes amis crurent un moment que Maurice Joly avait cessé de compter parmi les hommes du moment.

J'ai des ennemis nombreux et acharnés, je l'avoue tout de suite. A quoi cela tient-il? A mon caractère d'abord, et ensuite aux circonstances particulières qui ont mis inopinément mon nom en évidence.

Mon caractère d'abord. Facile jusqu'à la bonhomie et confiant jusqu'à

(1) Sous le ministère Forcade, je ne trouvai pas d'imprimeur pour publier une brochure de circonstance : *L'Acte additionnel du second Empire.* Il fallut renoncer à a ublication d'un travail *terminé!...*

(2) Dans cet intervalle je trouvai encore le temps de publier un opuscule : *L'avoué* et les *plaideurs,* et un travail important, dont il sera parlé plus bas, intitulé : *Dialogue sur les Impôts.*

la simplicité : voilà un des côtés les plus saillants de ma nature; mais mes formes ont une certaine raideur qui tient à ma vie de lutte, mon visage porte la trace des combats qui se livrent dans mon âme. Il est, si je puis m'exprimer ainsi, toujours crispé vers un but, toujours convulsé comme pour soutenir un choc. Ceux qui, ne me connaissant pas, me jugent par les apparences, me croient hautain, orgueilleux, dur et méchant. D'autres me croient habile, parce que j'ai écrit en me jouant sur l'habileté politique et la rouerie privée, sans faire attention que jamais les hommes habiles ne s'amusent à écrire là dessus.

Ces deux choses m'ont créé par elles-mêmes, et en dehors de tout contact individuel, des ennemis que je ne connais même pas, et qui sont à ce qu'il paraît assez nombreux; maintenant qu'ils me connaissent sous les deux rapports que je viens d'indiquer, je leur demande de désarmer.

Secondement, comme je néglige toujours les petites choses ainsi que je l'ai dit, il m'arrive de ne pas faire assez d'attention à certains hommes, de ne pas tenir compte de certains détails, de ne point reconnaître préalablement certaines situations avant de les aborder. Aller vite, agir vite, c'est la devise de toute ma vie.

Il résulte de cette autre disposition de ma nature que je froisse souvent sans m'en apercevoir, que je blesse par mégarde un inconnu, qui se dit : Voilà un monsieur bien tranchant, bien pressé, bien agité; il ne me plaît pas. Et alors cet inconnu devient un ennemi.

Maintenant, les ennemis se multiplient les uns par les autres. Un homme, en disant du mal de vous, indispose contre vous tous ceux qu'il connaît, et c'est par centaines alors que des hommes qui ne vous connaissent qu'en peinture se déchaînent contre vous.

Si je parlais maintenant du mérite qu'on peut supposer à un homme et qui lui crée des adversaires implacables s'il est pauvre; si je me livrais à des théories sur ce singulier travers de la nature humaine, qui fait que la haine croît en raison de l'insuccès de celui qui en est l'objet, j'aurais expliqué pour tout le monde, aussi clairement que pour moi-même, la cause de certaines inimitiés que j'ai rencontrées, et que rachètent en même temps de nombreuses sympathies.

Mais cette explication préparatoire suffit pour passer à l'historique de l'affaire du *Palais* et de ses annexes.

J'avais choisi, comme lieutenant dans la collaboration au journal, un jeune homme alors peu connu, M. Edouard Laferrière, nature très-ferme, avec des qualités d'intelligence qui m'avaient fort attaché. Il avait bonne renommée, et il écrivait facilement, agréablement, avec originalité les politiqueries judiciaires du *Palais*.

A peine fut-il avec moi que cinq ou six chacals vinrent se jeter entre lui et moi. Le vent pestilentiel de la calomnie commença à soufler entre nous. J'avais eu un mal affreux pour constituer le *Palais;* il avait fallu tenir tête aux réunions d'actionnaires les plus orageuses; c'était à qui déferait, casserait, pulvériserait ce malheureux journal fondé dans l'intérêt exclusif de la vérité et où je tenais la porte ouverte à tout le monde.

La ligue des démolisseurs, des casseurs circonvint Laferrière, et à la tête de la ligue se trouva M. Grévy, voici comme :

Dans les deux derniers mois de la fondation du *Palais,* en juin 1869, commençait à s'ouvrir la période préparatoire pour les élections générales. Mon intention était de me présenter dans le Jura, et j'en avais fait part à M. Grévy qui n'avait pu trouver que très-légitime le désir de poser ma candidature dans le Jura; car j'y étais après lui un des hommes en vue dans les rangs de l'opposition.

Il fallait ou renoncer à cette candidature ou abandonner momentanément la direction du *Palais* pour aller explorer le département.

C'est ce que je fis, en chargeant Laferrière de me remplacer. Mon départ pour le Jura m'avait été conseillé par M. Grévy lui-même qui m'avait non pas promis son patronage (car je n'admets pas le système du patronage en matière de candidature), mais son appui bienveillant dans le cas seulement où ni M. Tamisier, ni M. Vallette ne se présenteraient. « *Je ne veux pas être le grand électeur* » dans le Jura me dit en propres termes M. Grévy, voyez vos amis de là-bas, tâtez le terrain. Si vous êtes appuyé, et vous avez besoin de l'être en dehors de moi pour que votre candidature soit sérieuse, vous aurez toutes mes sympathies.

Cependant des amis de M. Grévy qui étaient aussi les miens, mais qui penchaient avec préférence de mon côté m'écrivaient : « Défiez-vous; non-seulement M. Grévy ne vous appuiera pas, mais il vous attaquera ou plutôt vous fera attaquer. Il ne vous aime pas. Dernièrement il a passé par ici; on lui parla de vous, il répondit qu'il ne vous connaissait pas, MÊME DE NOM. »

Je ne crus pas un mot de cet avertissement; car je ne me détache pas facilement des hommes en qui j'ai une fois pris confiance. Cependant, et par acquit de conscience, je voulus le revoir avant de partir, et avec cette rectitude bête que j'ai toujours apportée dans les actes de ma vie, je lui répétai le propos, sans lui en dire la source bien entendu.

« Que voulez-vous que je réponde à de pareilles choses ? » me dit-il de son ton dolent.— Est-ce vrai? Non.—M'attaquerez-vous ou me ferez-vous attaquer? — Non. — Ma candidature vous est-elle sympathique? — Oui.

Je partis, repoussant comme des perfidies les communications qu'on m'avait faites, réfléchissant, d'ailleurs, que cette double attitude qu'on prêtait à M. Grévy était incompatible avec ce qu'on savait généralement de son caractère; et puis, deux mois auparavant, dans mon journal, j'avais fait, pour célébrer son bâtonnat, un portrait exempt de toute adulation (la flatterie m'est impossible), mais si empreint de sentiments d'amitié, même de dévouement pour lui, que le supposer mon ennemi secret et résolu à me perdre quand je lui serrais la main depuis dix ans, me paraissait une monstruosité.

Arrivé dans le Jura, toute la démocratie gauloise se déclara pour moi. Vous souvenez-vous, Robert, Travailland, Muneret, Corne et tant d'autres, quel accueil vous fîtes au prisonnier de Bonaparte? Je ne vous en veux pas d'avoir abandonné un moment mon humble fortune. Je n'ai de haine que pour les fourbes.

Je me présentai dans la 3e circonscription; mais mon projet n'était nullement de prêter serment.

Je préparais en secret, avec deux de mes amis, une avanie au gouvernement en faisant voter pour moi, malgré le refus de serment.

M. Grévy le sut-il? Je ne le crois pas. Ce qui est certain, c'est que je sentis au bout de quinze jours le souffle pestilentiel dont j'ai parlé plus haut, le souffle de mes ennemis.

Il m'est impossible de raconter ici toutes les ruses, tous les *trucs*, c'est le mot, que les affidés de Grévy m'opposaient à mon insu, à deux mois de distance des élections. Ce que l'astuce peut imaginer de plus noir, de plus ténébreux, fut mis en œuvre contre moi. Voyant que le souffle populaire était en ma faveur, on me suscita plusieurs concurrents pour me tenir en échec. Ce fut M. Jobey, puis le général Gagneur, puis un M. de Ronchaux, un des hommes les plus méchamment retors que je connaisse (1).

Tout à coup, un bruit court, « c'est M. Gagneur qui est le candidat de M. Grévy » (*sic*). Je ne veux rien dire de ce brave homme et de Mme Gagneur, son épouse; mais vraiment, en démocratie, il faudrait

---

(1) M. Valette, l'éminent professeur de droit, avait refusé la candidature à cause du serment, ainsi que l'honorable général Tamisier.

tâcher d'être sérieux. Je ne crois pas au bruit, mais le bruit se confirme.

Pendant ce temps, des articles empoisonnés paraissent dans quelques journaux de Paris. J'ai été secrétaire de la princesse Mathilde, — toujours! — j'ai écrit il y a dix ans une brochure empreinte de cléricalisme, — j'ai écrit à Sainte-Pélagie un livre démoralisant *sur le savoir faire*, etc.

Tous les scorpions, tous les impuissants, tous les fruits secs font croisade contre moi. Je me sens *lâché* (pardon du mot) de divers côtés. Je veux savoir le fond du sac, je presse, j'interroge. Enfin on me montre des lettres de Grévy disant : *que j'abusais de son nom, que j'usurpais son patronage et qu'il me désavouait comme indigne de la candidature dans la 3ᵉ circonscription!*

Je lus cela signé Grévy. — Que ceux qui connaissent mon tempérament se figurent si je dus bondir sous l'outrage, mais le tour était joué; dans tous les comités, les affidés de Grévy m'avaient sapé, miné, vilipendé. Les Dôlois, las de lutter contre le torrent, m'abandonnèrent.

Je me moquais de la candidature, puisque ne voulant pas prêter serment, je ne pouvais arriver à la Chambre, mais j'étais frappé au visage; ma candidature vidait les arçons; et notez ceci, M. Grévy qui avait déclaré ne pas vouloir être le grand électeur du Jura, proclamait M. Gagneur « SON CANDIDAT, » le candidat officiel de l'empereur Grévy! Et puis dans le journal aussi officiel de Grévy, les seuls candidats indiqués étaient ceux de Grévy; — pas un mot, pas un traître mot, pas un pauvre petit mot de moi dans le journal Gréviste (1).

Qu'on dise, je le demande, si les préfets de l'empire savaient mieux faire contre les candidats républicains?

Je retournai à Paris comme la foudre après avoir vu M. Tamisier, homme de cœur qui fut bon pour moi et à qui je tends d'ici une main qu'il ne me refusera pas, je le sais. Je me fis précéder par une lettre dans laquelle je reprochais d'une manière sanglante à Grévy sa mauvaise conduite, son manque de parole, l'étroitesse et la personnalité de ses calculs, l'outrage qu'il m'avait cloué sur le front en écrivant que j'avais usurpé son patronage, moi qui n'ai jamais su être le protégé de

(1) Et cela était d'autant plus fort que pendant deux mois et demi j'avais aidé à fonder le journal (le *Jura*), par une collaboration assidue. J'avais écrit pour ce journal sans rénumération, bien entendu, le *Dialogue sur les Impôts*, travail écrasant qui m'avait obligé d'étudier la nuit et le jour la matière si affreusement compliquée des Impôts; au moyen d'un dialogue entre un candidat officiel et un candidat de l'opposition, j'avais exposé la théorie des impôts en France et la thèse du candidat de l'opposition, concluait comme réforme pratique, avec arguments à l'appui à la réduction de la moitié des taxes directes et indirectes.

personne, qui ai perdu la moitié de ma vie pour avoir manqué de souplesse!

J'ignore ce que j'eusse fait. Mon plan était de l'interpeller devant un choix de personnes qui auraient constitué un arbitrage.

Mais le sage et prévoyant Grévy m'avait préparé un autre piége pour se préserver de mes atteintes. En mon absence, Laferrière avait été monté contre moi. M. Ferry lui avait dit qu'on ne devait pas travailler dans un journal dirigé par Maurice Joly ; et cependant M. Ferry était mon actionnaire, et j'aurais pu, si je l'avais voulu, faire échouer son élection dans le 6ᵉ arrondissement; il suffisait de lui enlever les trente voix de majorité qu'il avait eues sur M. Cochin, en l'insultant, en le ridiculisant, en rusant effrontément. Mais passons....

De divers côtés, on mordait les talons de Laferrière, pour qu'il m'abandonnât. Laferrière, chapitré par Grévy qui lui tint je ne sais quel langage, se tend comme un arc; et le matin même où je me présentais au bureau de mon journal, arrivant de la gare, ce matin-là même Laferrière me donnait sa démission en me jetant des injures à la tète. Souflet de ma part, tentative de pugilat de la sienne. Duel convenu, ses témoins sont Coulon et Ferry; les miens, Henri Rey et Fontaine de (Rambouillet).

J'étais arrêté raide dans ma marche sur Grévy. La poursuivre, en un pareil moment; c'était faire dire par mes ennemis que j'étais un fou, un taureau, que je courais sus à tout le monde. J'eus la force, et il m'en fallut, d'avaler mon affront-Grévy en travers.

Mais Grévy, comme bâtonnier, se trouva en plein dans l'affaire, parce que très-malencontreusement M. Ferry avait saisi de cette affaire le bâtonnier qui était précisément le député du Jura.

Des efforts très-persévérants, très-vigoureux furent faits pour obtenir de moi des excuses pour la voie de fait en question que je ne regrettais nullement. Le but de ces efforts était facile à comprendre. Si je faisais des excuses, j'étais un homme à la mer. Je refusai de voir M. Grévy, je remerciai M. Marie de son intervention, et je déclarai que puisqu'on parlait d'excuses il n'y avait plus qu'à se battre.

Nous allâmes sur le terrain; mon ami Rey conduisit la chose en parfait gentleman. Laferrière, avec qui je suis depuis longtemps réconcilié, se conduisit très-crânement sur le terrain. Il eut le bonheur de me blesser à la main et de voir les témoins s'interposer d'une manière absolue quand je voulais continuer le combat. Mon éminent ami, le docteur Péan, pensa ma légère blessure et tout fut dit de ce côté.

Alors je revins sur Grévy comme le sanglier poursuivi par un des chasseurs revient sur le premier agresseur qui l'a débusqué. Il m'avait écrit, pour repousser mes reproches, une lettre pleine de feintes. J'y répondis par une lettre publique qui fut reproduite par tous les journaux du Jura et par fragments dans quelques journaux parisiens.

Cette lutte publique contre Grévy, alors estimé, considéré comme un homme d'un caractère sûr, me donna le coup de grâce. Mes amis du Jura me retirèrent leur appui ostensible, tout en me conservant secrètement leur amitié; et mon journal périt dans la bagarre, car il m'était impossible de lutter à ce moment contre tant de haines coalisées sous la direction d'un homme aussi influent à ce moment-là que M. Grévy.

Quoique le journal n'eût pas encore fait, en bonne comptabilité, un sou de perte, les acharnés obtinrent, à force de pression, la démission du gérant (1).

Chose rare en matière de journalisme, on remboursa tous les abonnés, et l'on rendit aux actionnaires une partie de leur argent. Jamais liquidation ne se termina dans des conditions d'aussi complète délicatesse; mais ce n'était qu'un devoir, et il n'y a lieu d'en parler.

Résultat net pour moi : une année de travaux préparatoires perdue; perte complète de mon cabinet et un peu plus d'ennemis qu'auparavant, sans compter l'hostilité croissante des gens de l'empire que je n'avais cessé d'attaquer dans mon journal, au point de compromettre son succès, d'effrayer le personnel judiciaire et de m'attirer six procès.

Tout cela s'était passé pendant la période des élections générales.

Mis hors le Jura par M. Grévy, qui ne voulait à aucun prix avoir de collègue sérieux dans le département qu'il considère comme un fief de famille, je me présentai à Paris, comme candidat *insermenté*, dans la 1re et dans la 3e circonscription. L'insermentation était mon idée fixe; je suis un des premiers qui aient mis l'idée en circulation, et, pur de tout serment préalable (*j'insiste fort sur ce point*), j'y allais de gaieté de cœur dans cette campagne.

M. Henri de Rochefort était alors en Belgique. J'essayai de me déployer dans la 1re circonscription; mais là comme j'avais combattu le communisme dans les réunions de Belleville, MM. Gaillard, Ducasse, Briosne, Vermorel et *tutti quanti* me sautèrent à la gorge.

D'ailleurs le parti Rochefort faisait bonne garde, et je me heurtais d'autre part contre le clan de M. Laurier, qui riche, bon enfant, assez

(1) M. Lahure, excellent homme, d'une probité absolue, mais qui fut peut-être trop faible en cette circonstance.

beau parleur, candidat purement parlementaire, ayant l'appui de la gauche ouverte entretenait des bandes d'applaudisseurs.

J'avais encore contre moi l'élément Gambetta, lequel Gambetta j'avais vu débuter au Palais et qui ne prévoyait guère à cette époque qu'il me distancerait. Mais je ne lui envie pas sa facile renommée non plus que celle de M. Ferry et je dirai plus tard qui a fabriqué tous ces hommes d'Etat de rencontre, ces hercules en baudruche qui se sont donnés les gants de me mépriser parce que je n'étais pas riche et que je n'étais pas *faiseur*.

Quand je me présentais dans une réunion publique électorale voici ce qui arrivait : d'abord je n'avais pas de claque, ensuite j'étais broyé entre cinq ou six comités, le comité de M. Laurier, le comité de M. Rochefort, celui de M. Gambetta. Cris, tempête, fureur dès que j'apparaissais à la tribune ; car dans la démocratie que nous ont faite les mœurs de l'empire, le premier devoir des démocrates est de démolir ses rivaux.

C'était moi cependant qui, avec le concours de M. Debeaumont, avais organisé à Belleville le premier comité électoral, et il fut un moment où grâce à mon activité je commençais à tenir solidement quelques-uns des fils de la 1ʳᵉ circonscription. J'aurais fini par tirer un peu de la couverture de mon côté, malgré Vermorel, Gaillard et autres auxquels je n'en veux nullement, je m'empresse ici de le leur dire.

Mais un beau jour, c'était au mois d'octobre 1869, en courant après un omnibus qui devait me mener à Belleville, je glissai sur l'escalier des Grands-Augustins et fis une chute terrible sur une partie qu'on ne nomme pas.

Un mois au lit, — je disparais des réunions, on n'entend plus parler de moi, et je ne puis obtenir d'un seul journal qu'on indique au moins que la maladie est la seule cause de mon éclipse momentanée. Je m'expliquerai dans un instant sur cette attitude des journaux à mon égard.

Cette chute détermina chez moi des accidents nerveux assez inquiétants, et pour comble de chance je fus repris par le rhumatisme sciatique que j'avais gagné à Sainte-Pélagie. Total, huit mois de perdus dans un état de santé si chancelant, qu'au moment de la Révolution du 4 septembre j'étais cloué sur mon dos dans une maison de santé.

On peut penser que sans cela j'eusse été des envahisseurs de la Chambre, non comme à l'Hôtel-de-Ville, où je ne suis entré le 31 octobre qu'avec la permission et sur le désir de M. Jules Simon ; mais de vive force et s'il l'eût fallu les armes à la main ; car malgré l'opinion de MM. Gambetta et Ferry, on ne pouvait en finir que par un mouvement populaire.

J'approche heureusement de la fin de ce long récit biographique singulièrement écourté toutefois ; et je prie le lecteur de me prêter encore un peu d'attention.

Je crois que la Révolution du 4 septembre eût contribué à ma guérison si la République n'eût été assaillie à la fois du dehors et du dedans : les Prussiens vainqueurs de la France sur tous les champs de bataille, dans tous les siéges ; la vieille France déchue, accablée sous la main de M. de Bismark !... Mais à quoi bon faire des phrases là-dessus ? Le 7 septembre, je m'arrachai de mon lit et je me rendis au ministère de l'intérieur.

C'est ici que je réponds à la honteuse insulte de M. Ferry, qui n'a pas rougi de m'accuser d'avoir demandé une place.

J'allai voir M. Gambetta, le poingt un peu crispé, je l'avoue ; car je sentais instinctivement que quelques-uns de ces hommes, et surtout Gambetta, seraient assez sots pour être insolents au lendemain d'un pouvoir dont la puissante énergie pouvait seule racheter l'usurpation.

Je rencontrai ce finaud de Laurier, que je ne veux point maltraiter, mais qui s'est conduit quelque peu en renard... et je n'aime pas les renards.

Il me combla d'amitié et je lui dis : Si tu envoie des commissaires en province, j'en suis ; je me chargerai de la Côte-d'Or et du Jura, l'un ou l'autre ou bien tous les deux, ça m'est égal ; mais je révolutionnerai sans mettre de chemises rouges ni de chapeaux à rebors recourbés. Révolutionner, pour moi, c'était commander, organiser et faire obéir au nom du salut de la patrie.

C'est fait pour le Jura. me dit Laurier ; seulement le Jura est la Châtellenie de Grévy, il faut aller lui en dire un mot, sans cela rien.

Gréyy, encore cet homme sur mon chemin ! Cela tombait bien. Impossible de lui en parler, lui répondis-je, nous sommes brouillés. — Eh bien, vous vous débrouillerez, il le faut. Te moques-tu des gens de parler de rancunes personnelles quand la patrie est en danger ?

C'était bien parler, je cédai à une inspiration qui me parut bonne. Mon parti était pris, Je montais en boitant les escaliers du n° 2 de la rue Saint-Arnaud, où demeure l'auteur de l'amendement, me demandant, entre parenthèse, pourquoi il n'était rien dans le gouvernement.

Le sphinx jurassien, qui ne veut être ni dupe ni complice, lisait tranquillement dans son fauteuil : C'est moi, lui dis-je. On me dit qu'il faut savoir tout oublier devant les malheurs de la patrie. Si vous vous souvenez, moi j'ai oublié, et ne veux pas me souvenir. Le sphinx fit un signe de tête approbatif.

Je m'assis et lui dis en substance que je demandais à être envoyé dans le Jura ; mais que je n'y avais songé que dans le cas où il n'irait pas lui-même ou n'aurait personne à désigner.

Je regrette de ne pouvoir narrer en détail cet entretien. De la part de Grévy le résumé fut qu'il n'y avait rien à faire dans le Jura non plus que partout ailleurs ; que la province ne bougerait pas ; que Paris ne se défendrait que pour l'honneur du drapeau. Qu'on ferait tuer quelques milliers d'hommes par attitude et que tout serait dit.

— Bon, lui dis-je, c'est parfait, cela rentre dans votre politique.

— Quant à moi, ajouta t-il, je suis citoyen de Paris et garde national, j'irai sur les remparts et je m'y ferai tuer s'il le faut, mais sans enthousiasme.

— Je le vois bien répondis-je.

— Quant à vous, reprit-il, je ne m'oppose à rien ; je ne suis rien dans le gouvernement. Je n'ai voulu rien être, parce qu'à mes yeux ces messieurs perdent la république en la proclamant dans des conditions pareilles. Allez là-bas, faites ce que vous voudrez, je ne m'y oppose pas, voilà tout.

Nous nous serrons la main froidement. Je vais rendre réponse à Laurier, qui me dit : Eh bien ! c'est tout ce qu'il faut. Tu pourras partir après-demain.

Mais qu'arrivait-il, dès le soir même ? M. Grévy faisait savoir à Laurier qu'il s'opposait formellement à ma nomination ; qu'il en faisait une question de cabinet ; et, dès le surlendemain, l'intrépide garde national parisien, prêt à se faire tuer sans enthousiasme sur les remparts, décampait dans le Jura, emmenant avec lui un préfet, mon ami Trouillebert, dont la nomination avait été arrangée avec Laurier et Gambetta.

Je ne fus pas surpris, je connaissais le tortueux auteur de l'amendement Leblond. Mais qu'ont dû penser mes compatriotes en voyant arriver dans leur département un préfet qui n'était pas Grévy et qui n'était pas moi. Il est vrai que si Dieu fit la femme d'une des côtes d'Adam ; Grévy fit un préfet du Jura d'une de ses propres côtes. Mais j'en ai assez, je n'en parle plus.

Je vais alors chez Gambetta pour lui reprocher cette jonglerie ou plutôt cet affront qui partait de sa main. Je trouve dans son antichambre un M. Spuller, quelque peu *lancé*, qui me demande ce qu'il y a pour mon service.

— Vous ne le saurez pas ; mais votre service, à vous, est d'aller dire à M. Gambetta que je désire lui parler.

On parlemente ; enfin, je suis reçu de ce gros homme qui a que les apparences de la force, et qui, produit des **réclames** combinées du *Gau-*

lois et du *Figaro*, a ménagé pendant un an ses excellents poumons,vrais souflets de forge, en se faisant passer pour le poitrinaire de Millevoye.

— Qu'est-ce qu'il y a? C'est la façon dont Gambetta, arrivé, parle à un camarade qui en ferait sauter deux comme lui dans une poêle à frire.

— Il y a Jura, commissaire du gouvernement, Maurice Joly.

— Impossible, on a nommé quelqu'un.

— Alors un autre département, n'importe lequel, pourvu que je vous amène des hommes.

Le fougueux Marseillais, qui a la prétention de singer Mirabeau, et qui n'a dans le ventre que des circulaires à la Emile Ollivier, me dit non. — Pourquoi? — Parce que vous vous êtes trop compromis avec le parti avancé; il nous faut des hommes qui n'inquiètent pas la province, etc., etc. Je prends mon chapeau, et je m'en vais; M. Gambetta s'était sauvé dans un arrière-cabinet avant d'attendre ma réponse. Je ne fus pas aussi dur que j'aurais dû l'être; mais bast! on dit toujours que j'ai mauvais caractère.

Telle est l'histoire de la place demandée et reprochée par M. Ferry.

Que dire à des hommes qui ont laissé périr la province pour ne pas y avoir envoyé des commissaires, et dont l'un y ajoute cette sottise : Qu'il est honteux de demander à servir la République et la patrie quand elles sont en danger.

Un mot sur ma participation à la manifestation de l'Hôtel de Ville. Un autre mot sur moi-même, et j'ai fini.

J'ai publié dans plusieurs journaux et par voie d'affiches (que par parenthèses l'autorité a fait arracher) comment les faits s'étaient passés.

Je n'ai pas le temps de répéter tout cela, et je me borne à préciser les points essentiels.

1° Je ne suis entré à l'Hôtel-de-Ville, à la tête d'une délégation d'une vingtaine de citoyens, qu'avec l'*autorisation et sur le désir exprimé par M. Jules Simon*, qui, ne pouvant se faire entendre de la foule, indiqua lui-même ce mode de communication avec les masses profondément émues, qui remplissaient la place de Grève.

2° Je suis totalement, absolument étranger à ce qu'ont pu combiner tels ou tels autres manifestants, si tant est que quelque chose ait été combiné à l'avance. Ce que je puis affirmer, c'est que les masses que j'ai vues étaient là spontanément comme moi sans autre préméditation que l'alarme répandue dans leur âme par les désastres de la patrie ;

3° Non-seulement je n'ai pas outragé M. Jules Favre ni tiré sur le général Trochu, comme l'a dit un abominable journal, mais j'ai parlé à M. Jules Favre avec respect, à M. Trochu avec déférence, et j'ai rappelé sévèrement au silence ceux qui interrompaient les explications du général Trochu ;

4° Non-seulement je n'ai ni causé ni provoqué de désordre, mais j'ai défendu les portes de la salle Saint-Jean contre l'invasion de la foule en m'arc-boutant contre une des portes ; et quand un des panneaux de cette porte vola en éclat sous les coups d'un assaillant, j'ouvris vivement, et me présentant de la poitrine aux premières colonnes, je dis : Celui qui en entrant ici commettra le moindre désordre par parole ou pa geste, je le déclare indigné d'entrer dans cette maison qui est la maison du peuple ;

5° Il est vrai qu'avant l'invasion des appartements de l'Hôtel-de-Ville, remplissant le mandat qui m'avait été confié par la foule qui entourait M. Jules Simon, je dis à M. Jules Favre que ce que le peuple voulait c'était les élections municipales immédiates et la réorganisation du personnel gouvernemental. Et c'était vrai pour la foule que j'avais vue, et j'avoue que je pensais comme elle ; mais ce n'était pas un crime je pense d'avoir cette opinion, surtout de l'exprimer comme étant celle de ceux qui me déléguaient. Le gouvernement provisoire n'est vraiment légitime que depuis que trois cent mille suffrages sont venus maintenir le pouvoir dans ses mains. Jusque là il n'était qu'un fait ; maintenant il est dans le droit ;

6° Quand je suis entré dans la salle du Conseil non encore envahie, ce fut pour supplier le gouvernement provisoire de se préparer à donner une solution à la crise en présence d'une invasion imminente, dont le mugissement retentissait dans les escaliers.

7° Après l'envahissement de la salle du Conseil, je ne suis monté sur la table que pour détourner l'orage qui s'apprêtait à fondre sur la tête du gouvernement. Ma première proposition était de laisser au gouvernement quarante-huit heures pour l'installation de la commune ; ma deuxième proposition se formulait en une prière au gouvernement de s'adjoindre cinq nouveaux membres à titre de garantie d'une meilleure direction des affaires publiques. Ces deux propositions, dis-je, étaient manifestement dans le but d'une conciliation, d'un attermoiement, et elles eussent probablement été acceptées par la foule si des éléments nouveaux n'eussent à ce moment pénétré dans la salle ;

8° Après le refus de ces propositions et la proclamation des membres du prétendu comité de salut public, j'ai réclamé le premier à titre de de garantie l'inscription du nom de Dorian comme président en tête de la liste du soi-disant comité ;

9° A partir de ce moment, le gâchis étant manifeste, j'ai voulu sortir et n'y suis parvenu qu'en forçant en quelque sorte la consigne qu'avaient reçu deux hommes armés. Je ne me gênai point pour dire en sortant que je répudiais toute solidarité avec le mouvement nouveau qui venait de se faire jour ; qu'il n'était pas sensé de vouloir capturer le gouvernement provisoire, et qu'il serait délivré dans quelques heures par le soulèvement des gardes nationales armées.

Maintenant il me reste à dire quelle a été la conduite du gouvernement provisoire envers moi. On sait ce que j'ai essayé de faire pour lui ; voici ce qu'il a fait pour moi.

Un journal monarchique, les *Débats*, a dit que je dirigeais une des bandes d'envahisseurs de concert avec Tibaldi. Or, je ne connais pas et n'ai jamais vu Tibaldi.

Un journal immonde, *le Figaro*, tente de me faire égorger en disant que j'ai tiré sur le général Trochu et que j'ai craché sur Jules Favre, inoffensif et désarmé dans l'Hôtel-de-Ville.

On annonce que l'*Officiel* va faire un récit impartial de la manière dont les faits se sont passés. Je m'attends à être disculpé par l'*Officiel* de ces abominables accusations, soufflées je sais par qui ; j'attends même qu'on rendra justice aux efforts que j'ai faits dans la mesure de mes forces pour prévenir le conflit.

Le *Journal officiel* reste muet, semblant ainsi reconnaître par son silence l'exactitude des faits publiés par le *Figaro*, dont il accepte le déshonorant concours.

Alors il faut que je me défende coûte que coûte ; n'avoir point de journal contre des ennemis retranchés derrière les bastions d'une feuille publique, c'est le pot de fer contre le pot de terre. Je fais apposer des affiches pour repousser avec tout le mépris qu'elles méritent les exécrables imputations dont je suis l'objet.

Que fait l'autorité? Elle ordonne d'arracher mes affiches. Bien mieux, elle m'emprisonne, elle me met un bâillon sur la bouche, et pendant que je suis emprisonné et muet, les assassins de réputation peuvent continuer en paix leur besogne. M. Ferry est vengé, car c'est à lui seul, non aux autres, que j'impute directement et personnellement le guet-apens des Folies-Bergères, les calomnies du *Figaro*, l'arrachement de mes affiches, mon arrestation et la prévention dirigée contre moi; et voici le libellé de l'accusation :

« Ledit (Maurice Joly) prévenu de s'être rendu coupable des crimes suivants :

1° D'attentat dans le but d'exciter à la guerre civile en armant ou en portant les citoyens à s'armer les uns contre les autres, art. 91 du Code pénal;

2° De séquestration arbitraire dans les termes de l'art. 341 du Code pénal;

3° Du délit de menaces sous condition prévu et puni par l'art. 307 du Code pénal. »

Cette dénaturation des faits est digne de l'inquisition; c'est un acte de machiavélisme avouable par Bonaparte. Bravo, M. Ferry! faire arrêter, et, s'il se peut, fusiller un homme pour assouvir une haine imbécille; voilà en quoi consiste le talent du zélateur d'Ollivier devenu républicain par la grâce de Dieu!

Heureusement jé n'ai plus à parler de cet homme.

J'arrive à la dernière partie de ma tâche, et c'est certainement la plus difficile.

J'ai dit en quelques mots quelle avait été ma vie, il faut maintenant que l'on sache ce que je représente comme idée, et comment il se fait qu'après tant de luttes, tant de travaux, après une existence qui défie le soupçon le plus jaloux, les portes de la vie politique m'aient été si longtemps fermées.

A mes débuts dans la carrière d'écrivain, j'ai eu le malheur d'attaquer deux ou trois journaux. Je me suis cabré à plusieurs reprises contre cette presse féodale et monopolisée que l'empire avait créée pour louer ses partisans et égorger ses ennemis.

La presse de l'empire m'a enveloppé de sa haine, elle m'a enterré tout vivant et recouvert d'une pierre que mes efforts désespérés soulevaient à peine de temps en temps.

Au milieu de cette cohue de célébrités faciles, improvisées le verre en main, je n'ai jamais reçu de la presse un éloge; à peine ai-je recueilli une mention.

Allez donc lutter contre la coalition du silence, et la coalition y était; si les journaux parlaient de moi, par hasard, c'était avec une sorte de dédain insultant, et pour dénaturer tout ce que j'avais pu dire, faire ou écrire.

Avais-je publié un livre, une brochure, quelques lignes sèches et malveillantes ne parlaient de la chose que pour mémoire; ou bien on extrayait de l'ouvrage un alinéa, un passage pour établir que j'étais un écrivain immoral ou peu sensé. M'arrivait-il de parler dans une réunion publique, j'étais aussitôt représenté comme un bavard ennuyeux, ne disant que des sottises, ou bien on me faisait tenir un langage diamétralement opposé à celui que j'avais tenu. C'est ainsi que quand j'allais dans les réunions de Belleville faire une guerre loyale, d'ailleurs, à certains communistes, d'atroces journaux me représentaient comme prêchant le communisme; et si j'étais menacé, assailli à la tribune par mes contradicteurs exaltés, c'était bien fait, car j'avais insulté l'assemblée.

Avais-je un procès comme celui du *Gaulois* (1) (que par parenthèse j'ai gagné), c'est moi qui avais tous les torts, qui méritais les étrivières; et si par hasard je donnais des explications personnelles, elles étaient défigurées, dénaturées, rendues ridicules à plaisir. Avais-je un duel (affaire Laferrière), mon adversaire était un ange et je m'étais conduit comme un malôtru.

J'ai plaidé dans ma vie cent procès de quelque importance, jamais un mot dans les journaux de droit, partout le silence de la haine, à l'exception d'un très-petit nombre de feuilles qui cherchaient à m défendre de temps en temps contre cet ostracisme. Je les remercie.

(1) J'ai dû pour aller plus vite négliger le développement de l'incident qui m'est arrivé avec le journal le *Gaulois* pendant la période plébiscitaire. Cependant on peut se rappeler que quelques jours avant l'ouverture du scrutin qui allait donner un nouveau bail à l'Empire en faisant voter à la France la constitution Forcade-Ollivier, il parut dans le journal le *Gaulois* la première partie d'un supplément au *Dialogue de Machiavel* et *de Montesquieu*. J'avais pensé qu'en raison de la notoriété qu'avait acquise le *Dialogue aux Enfers*, une critique du plébiscite faite dans la même forme avait de grandes chances de succès, puisque cette nouvelle satire procéderait de la même origine. Je ne sais ce qui fut arrivé si le travail n'eut pas été compromis par le refus du *Gaulois* d'en continuer la publication. Je me borne à dire ici qu'à mon sens l'*Épilogue* valait au moins le Dialogue, tant il est vrai que la renommée des livres est un pur hasard!

Un de mes amis m'avait ouvert les portes de ce journal en me disant que j'y serais bien accueilli; et tout le monde sait que jusqu'à l'époque du plébiscite où le *Gaulois* tourna casaque à l'opposition, ce journal était réputé adversaire de l'Empire. On ne connaissait point encore à ce moment tous les dessous de cartes; mais ne voilà-t-il pas qu'après avoir inséré un dialogue, refus absolu de M. Tarbé de continuer la publication. En même temps? M. Tarbé conseillait de voter *oui* et publiait concurremment avec le *Figaro* les dessins de bombes de la préfecture de police, etc., etc. C'est tout ce que je puis dire ici pour ne pas faire une trop longue digression. M. Ulbach fit dans la *Cloche* un accueil très-cordial à la suite des dialogues. Mais c'était une suite dont les lecteurs de la *Cloche* n'avaient pas le commencement. C'était une publication mal engagée par suite gâtée. (On la retrouvera remaniée dans la 2e édition du Dialogue aux Enfers.) Et quant à M. Tarbé les juges de l'Empire, devenus juges de la République, m'ont fait gagner mon procès que j'ai plaidé moi-même à la Cour. Mon ami Fontaine de Rambouillet l'avait plaidé et gagné aussi en première instance devant le Tribunal de Commerce.

J'ai souffert tout cela pendant dix ans, et il le fallait bien, car la presse de l'empire était une tyrannie aussi odieuse que l'empire lui-même.

Aujourd'hui les rôles sont bien changés. Si la République triomphe de l'effroyable crise qu'elle traverse, la liberté absolue de la presse rendra l'oppression de la presse impossible et aucune coalition de journaux ne pourra dire : Voilà un homme qui ne nous plaît pas, nous le tuerons.

J'ai fait quelque chose de plus dangereux encore, s'il est possible, que d'attaquer la presse impériale à mes débuts dans la polémique, j'ai attaqué, entendez bien ceci, j'ai attaqué le *savoir-faire*.

C'est-à-dire que seul, sans appui, je m'en suis pris à une école régnante, à l'école des hommes d'Etat, qui commence par Morny et finit par Ollivier.

Ici je me suis mis à dos tous les habiles, tous les intrigants, tous les faiseurs, tous les poseurs, tous les imposteurs, les charlatans, les jongleurs de la politique.

Tous ces gens-là se sont voilés la face quand *l'Art de parvenir* a paru. Je troublais le jeu des Grecs de la vie politique et sociale. Je montrais les dés pipés, les cartes bisautées, les gobelets, les boîtes à double fonds, les fausses clefs, les fausses serrures, les faux visages. J'étais un homme mort.

La meute des petits politiques était déchaînée contre moi. Tous les petits jeunes gens qui avaient pris de l'eau bénite dans le sanctuaire d'Ollivier, mangé ses dîners, reçu ses poignées de main, suivi son sillage ; qui, clabaudant doucement contre l'empire, ne s'étaient jamais ouvertement compromis ; tous ces gens-là se sont dits en me montrant : voilà l'ennemi.

Et qu'on le sache bien, ce que j'ai flétri dans le *Dialogue aux Enfers*, ce que j'ai signalé dans *l'Art de parvenir*, c'est le mal dont la société meurt ; car c'est le savoir-faire substitué au mérite dans tous les emplois, dans toutes les fonctions qui a amené le désastre de la France sur les champs de bataille même où son antique prestige est tombé.

Il serait trop long de développer cette thèse, dont la réalité est incontestable ; je la résume en disant que depuis l'empire la France n'a eu que des Ollivier. Le favoritisme, c'est-à-dire le savoir-faire a tué la France.

Comprenez-vous maintenant ce que j'ai fait et ce que j'ai voulu, vous qui m'avez blâmé ?

Je n'ai pu vous le dire qu'après une Révolution, parce que la Révolution seule nous a rendu la liberté.

Ce que je suis comme idée, comme programme politique, je le dis à présent pour conclure.

Je n'ai commencé à avoir quelques idées générales en politique qu'à vingt-cinq ans, et de vingt-cinq ans à quarante ans, qui est à peu près mon âge actuel, il s'est fait dans mon esprit une seule évolution générale.

Elevé par une mère catholique et douée d'une âme incomparable, je ne me suis détaché du catholicisme que par l'étude de la philosophie ; l'inverse n'est pas sans exemple, mais c'est de ma profession de foi qu'il s'agit et non de celle des autres.

Dans le fond de ma conscience d'homme arrivé à la plus complète maturité de son intelligence, je prononce que le catholicisme est un mal que la société française a besoin d'éliminer pour refaire ses mœurs que le catholicisme a empreintes d'un sceau monarchique indélébile.

J'appelle de mes vœux le schisme qui a sauvé l'Angleterre, fait la grande Amérique et constitué la dignité de tous les pays libres.

Point de rapport de l'Etat avec aucun culte, telle est ma formule en cette matière. Tout ce que je dirais de p'us à cet égard ne serait que de l'amplification et des développements de principes.

Le socialisme me paraît une des formes de la vie nouvelle des peuples émancipés des traditions du vieux monde. J'accepte un grand nombre de solutions indiquées par le socialisme.

Mais je fais à cela plusieurs réserves : d'abord le mot ne me plait pas parce qu'il est vague et qu'il est important pour un peuple qui veut se régénérer de s'attacher aux choses et non aux mots, à moins que les mots ne désignent des idées parfaitement claires.

Ainsi, je réponds nettement, franchement, sans embage, je repousse le communisme comme agent social ou institution politique. Je le repousse, et ce faisant, on voit que je ne trompe pas mon monde, comme certains candidats qui bénificient de leur silence avec tous les partis extrèmes (1).

Je suis révolutionnaire ; mais entendons-nous. Dire qu'on sera révolutionnaire à perpétuité serait une bêtise, mais n'être pas révolutionnaire quand on est en révolution c'est une autre bêtise.

---

(1) Le communisme n'est qu'une école socialiste. On peut se dire socialiste sans être communiste, de même qu'on peut se dire, chrétien, protestant, déiste, sans être catholique.

Je suis révolutionnaire parce qu'il faudra à la France au moins cinquante ans de révolution pour refaire ses mœurs et ses institutions. Or, comme il n'est pas probable que je vivrai quatre-vingt-dix ans, je cours donc risque d'être révolutionnaire toute ma vie, c'est-à-dire de faire un effort continu jusqu'à ma mort pour aider notre malheureux pays à se transformer.

En politique, je comprends les moyens extrêmes pour arriver à un but nécessaire et bien défini; en cela je suis Jacobin, mais je n'aime pas les imitations et je ne me calquerais point pour agir sur tel ou tel personnage historique.

On a dit que la France était un pays de singes. Il y a du vrai dans ce reproche. Sortons de l'imitation. En politique comme en art, il y a toujours des hommes qui savent faire des choses nouvelles si on les laisse se produire.

Il faut vouloir tout ce qui est démontré bon, pratiquement parlant, au point de vue général; mais il ne faut pas courir après des mirages et donner sa confiance à des fous. Il y a vingt ans que la France ne sait plus distinguer les hommes vraiment forts ou seulement honnêtes des histrions, des charlatans et des imbéciles. Il n'est que temps de commencer.

J'incline vers la décentralisation portée à ses dernières limites. La France ne revivra que lorsqu'elle aura refait son esprit provincial; et, chose étrange, la terrible guerre qui nous dévore vient de prouver que la division départementale de la France l'a plus désagrégée d'elle-même que ne l'eût fait la conservation des anciennes divisions par province.

Je puis comprendre une dictature momentanée ou un décemvirat comme le comité de salut public, quand il s'agit du salut de la patrie; mais la patrie sauvée, l'ordre légalement constitué, je veux qu'il y ait si peu de gouvernement qu'à peine on s'en aperçoive.

Mais avant d'en arriver là, que de tourmentes!... Quant à moi, quelles que soient les vicissitudes de mon pays, s'il me fait une modeste place dans la direction de ses affaires, j'ai pris une devise qui est conforme à la nature de mon esprit et de mon tempérament.

VOULOIR AVEC ÉNERGIE, AVEC PASSION, DES CHOSES PRATIQUES ET Y SACRIFIER LA POPULARITÉ DU JOUR MÊME, POUR MÉRITER LA POPULARITÉ DU LENDEMAIN.

Conciergerie, le 7 octobre, à minuit.

MAURICE JOLY.

SOUS PRESSE

DEUXIÈME ÉDITION

DU

DIALOGUE AUX ENFERS

Entre MACHIAVEL & MONTESQUIEU

LACROIX, VERBOECKOVEN ET Ce, ÉDITEURS

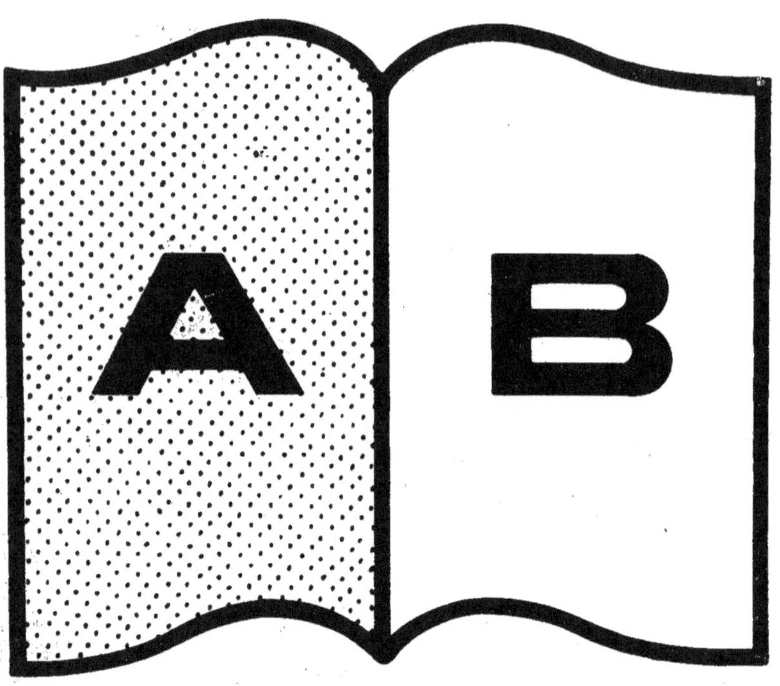

Contraste insuffisant

NF Z 43-120-14